John Berger

Schritte zu einer kleinen Theorie der Sichtbarkeit

Aus dem Englischen von Hans Jürgen Balmes

edition tertium

Inhalt

Zu einer Bronze von Degas, einer Tänzerin

Du sagst, das Bein stützt den Körper,
Aber erkennst du
Im Knöchel den Samen,
    Aus dem der Körper wächst?

Du sagst (wenn du Brücken baust,
Wie ich mir denke), jede Pose
Fordert ihr Gleichgewicht.
Aber sahst du je die widerspenstigen
Muskeln der Tänzer,
    Ihre Balance, ganz gegen die Natur?

Du sagst (falls du so rational denkst,
Wie ich hoffe), die Evolution des Zweibeiners
Ist längst abgeschlossen.
Aber hast du je das
Wunderzeichen gesehen,
Von der Hüfte leicht einwärts,
Das vorhersagt, daß sich nur neun Zentimeter abwärts
    Der Körper gabelt, in zwei?

Dann laß uns zusammen schaun
(Denn wir wissen beide:
Licht ist der Mittler
Zwischen Zeit und Raum),
Betrachten wir diese Gestalt,
Um sie zu prüfen:
    Ich meine Göttin,
    Und du die Last.

Denk an die Teile einer Brücke,
Schau die Straße von Bein zu Rücken,
Im Widerlager von Hüfte und Schulter
Streckt sie sich fest von der Hand bis zur Ferse,
Das eine Bein ein Pfeiler,
Der Schenkel über dem Knie:
Ausleger, Bauteil, Glied.

Denk an die Teile einer Brücke
Über das, was wir einst Lethe nannten.
Schau, wir fahren über einen Körper, vertraut,
Verletztlich, belebt, warm,
Er hält die Last allein,
Tote Last, Lebenslast,
Und den Druck der senkrechten Geraden.

So laß die Brücke dieser Tänzerin für uns sich
spannen,
Halt die Last des alten Vorurteils,
Laß uns wieder und wieder prüfen:
Du meine Göttin,
Und ich die Last.

1960

Ein Maler sein ...

Du liegst in der Sonne im Gras, über dir eine Buche. Ein zarter Wind hebt ihre leichteren Äste und wendet die Blätter. Aus der Ferne wirkt diese anhaltende Bewegung, als ob grüner Schnee vor der grünen Fläche des Baumes niedergehen würde – so wie einmal silbriger Schnee vor einer grauen Leinwand zu fallen schien.

Mit halbgeschlossenen Lidern starrst du nach oben. Du hast die Augen fast geschlossen, da du ganz bewußt schaust. Ein Zweig erstreckt sich weiter als die anderen. Unmöglich, seine Blätter zu zählen. Der blaue Himmel, den du zwischen den Blättern und neben dem Laub siehst, ist wie das Weiß zwischen den Buchstaben dieser Worte. Die Verteilung der Blätter vor dem Himmel scheint alles andere als zufällig. Du fragst dich, ob es nicht möglich sein könnte, ihre Folge genauso zu erklären wie die Abfolge von Buchstaben und Wörtern in einem Buch. Dann entdeckst du ein Bild, das deinem herumirrenden Denken einen Fingerzeig gibt – so wie ein guter Lehrer. Um sein Dasein zu beweisen, muß alles – so sprichst du leise vor dich hin – genau die Mitte dieser Zielscheibe durchschlagen; alles, was diese Mitte verfehlt, wird einfach nicht existieren. Doch immer die gleiche Enttäuschung: kaum hat der Lehrer den Raum verlassen, schon fehlt seinen Worten der Sinn. Und so liegst du da und wunderst dich, ob man in dem Ast über dir ein Zeichen des ganzen Frühlings lesen könnte ... Wenn du so nachsinnst, magst du ein Denker sein, aber ich glaube nicht, daß es zum Maler reicht.

Du liegst da, dein Kopf auf dem sorgsam zusammengelegten Jackett. Der Baum, schätzt du, muß fast zwanzig Meter messen. Entdeckst du irgendwelche Knospen? Du strengst deine Augen an. Hier muß die Natur schon zwei Wochen weiter sein als Zuhause. Der Landstrich liegt nicht so hoch und wird durch die Downs geschützt. Dann versuchst du, die einzelnen, kaum wahrnehmbaren Blüten voneinander zu unterscheiden. Doch der Ast ist zu hoch, und das Licht blendet. Du erinnerst dich, daß die Menschen in der Hungersnot Bucheckern aßen. Schließlich gehört die Buche zur gleichen Familie wie die Eßkastanie; im Herbst treibt man Schweineherden in die Buchenhaine. Aber dann fressen die Schweine sowieso alles. Deine Augen fahren den Ast entlang. Seine Form ähnelt, von der

Seite gesehen, dem Hinterlauf eines Pferdes. Du wirst schläfrig, doch wie du so hochschaust, stellst du dir vor, ein Seil über den Ast zu werfen. Du hast aufgehört nachzudenken, du läßt dich treiben, und deine Augen sind fast ganz geschlossen. Deine Handteller und Kniekehlen spannen sich, als du dich erinnerst, wie du als Kind solch hin- und herwippende Äste entlanggeklettert bist. Für dich sind die Bestandteile des Baumes so oder so zu fassen – aber nicht in einem Bild.

Müßig schließt du hin und wieder die Augen. Bevor es sich auflöst, steht einen Augenblick lang ein Nachbild des Blattmusters vor deiner Retina, doch in Tiefrot, der Farbe von dunkelstem Rhododendron. Wenn du die Augen wieder öffnest, leuchtet das Licht so hell, daß sich die Empfindung einstellt, es würde in Wellen gegen dich branden, und das erinnert dich daran, welch kleine Insel du da unten im Gras bist. Du hast nicht vergessen, daß um dich herum Kinder spielen, und als Assoziation hierzu – zu schnell, als daß du sie bemerktest, es fällt dir erst im Nachsinnen wieder ein – fragst du dich, wie viele Vögel sich in einem Baum verstecken können. Manchmal, in der Dämmerung im Mai, genügt ein einziger Mensch, und ein Schwarm von vierzig, fünfzig Spatzen stiebt aus einem einzigen Baum, um noch einmal am Himmel zu kreisen – als wären sie auf einen Fächer gemalt, der sich plötzlich öffnet und wieder schließt. Der Baum ist voller Begebenheiten, erdachten und erinnerten. Aber für dich existiert der Baum vor allem in der Zeit, seine Größe, sein Grünsein, die Bedachtsamkeit des Menschen, der den Baum pflanzte, nicht weniger als das Nachsinnen des Mannes, der einst anordnen wird, er sei zu fällen – alles erinnert dich an diese einfache Tatsache. Plötzlich fällt dir auf, daß der Himmel nicht gleichmäßig blau ist. Da, über dem Baum, ist ein Streifen blasseres Blau, der an der Spitze in verschiedenen Richtungen auseinanderstrebt. Du denkst, er sieht aus wie ein Baum. Dann beobachtest du, wie der Streifen sich in ein Löwenhaupt verwandelt ... Du gebrauchst deine Augen, vielleicht wie ein Dichter, nicht aber wie ein Maler.

Du liegst da. Du riechst das Gras. Die Sonnenwärme spürst du deutlicher als sonst. Du hast die Empfindung, du lägst über die Erde gestreckt und könntest ihre Wölbung spüren. Nichts an dem Baum kann dich noch überraschen. Du betrachtest ihn wie ein Schauspieler sein Publikum. Und dein Stück? Dein Arm ruht um eine andere Hüfte; eine fremde Hand fährt durch dein Haar. Du könntest alles verkörpern, aber in dem

Augenblick betrachtest du den Baum, wie nur ein Verliebter es vermag. Wie ein x markiert der Baum einen Ort für zwei.

Du schaust nicht. Was macht das denn für einen Sinn, mit geschlossenen Augen hier zu liegen? Halb lauschst du dem Wind. Die Blätter rauschen wie Sand, der ausgeschüttet wird. Wenn du erwachst, blickst du aufmerksam hoch. Du erkennst Grün, Blau, ein mit Dreck vermischtes Grün, Weiß. Das Grün hat dem Blau die letzte Spur Gelb genommen. Das ist sicher, alles andere ist ungewiß. Ohne dich besonders zu konzentrieren, so als könntest du es mit Händen greifen, beginnst du, das, was du siehst, zu ordnen. Du ahmst die Kunst einer Blumenverkäuferin nach, die genau weiß, welcher Zweig zu welchem paßt, du lernst, die Laubbüschel voneinander zu unterscheiden, je nach Ast und ihrer Stellung im Raum. Du versuchst, die Winkel, in denen die Äste zueinander stehen, abzuschätzen – eher wie ein Schlosser, nicht wie ein Mathematiker. Du versuchst, den Baum schrumpfen zu lassen, um ihn zu einer Einfachheit und Größe zu bringen, die du betasten kannst. Wieder schließt du die Augen. Doch nun konzentrierst du dich. Du denkst an dein Malen. Wie kann es sich öffnen, um diesen Baum aufzunehmen? Wie kann es solch einem Baum den richtigen Raum geben? Langsam fällt es dir weniger schwer, dir vorzustellen, wie er auf deinem Bild erscheint. Und doch ist er im Moment nicht mehr als ein Zeichen, als ein Spiel der Finger in die Luft. Du bist kein Holzfäller, du kannst keinen Baum von der Stelle bewegen oder einen Stamm drehen. Noch kannst du einen Baum aus seinem Samen allein ziehen. Du öffnest die Augen, um den tatsächlich dastehenden Baum zu betrachten, du versuchst alles, um in ihm den Baum zu erkennen, den du dir als gemalten vorgestellt hast. Aber es gelingt dir nicht. Der Baum ist einfach da, er ragt in den Himmel. Du läßt ihn wieder schrumpfen. Schließ deine Augen noch einmal. Mach' ihn zu dem Baum, der zu deinem Bild gehört. Öffne die Augen und überprüfe das Bild. Alles ist näher, aber die Buche erhebt sich noch immer schimmernd über dir. Und noch einmal und noch einmal. Und so liegst du vielleicht dort, bis es dunkel wird ..., und bist ein Maler.

1960

Farbe

Für das menschliche Auge besitzt alles eine Farbe. Sogar Blindgeborene können farbig träumen. Farbe existiert als optisches Phänomen, aber schon immer auch an einem Ort in der Imagination des Menschen. Zweifellos existieren Farben in der Natur, um wahrgenommen zu werden. Aber wenn du ein Maler bist, werden die Farben zu deinem Feind. Nicht weil du dir ausgesucht hättest, sie zu beherrschen, sondern weil du von ihnen loskommen mußt.

Wenn du sie am Rand deiner Palette anordnest, nimmst du mit Abstand ihr Maß. Farben sind oberflächlich, künstlich und leblos. Man kann sogar so weit kommen, daß man sie wegen ihrer widerlichen Unschuld haßt. Sie sehen so frisch aus wie eben gekaufte Hemden, in deren Ärmel und Kragen noch der Karton steckt – alles perfekt gefaltet und festgesteckt. Wenn du verschwitzt eins zur Hand nimmst, dann nur mit spitzen Fingern.

Als Maler kämpfst du darum, die Farben zum Verschwinden zu bringen, damit Körper ihren Platz finden können. Unter *Körper* verstehe ich alles, was eine Stofflichkeit besitzt. Wenn eine Farbe zu einer Substanz, zu einem Ding wird, hört sie auf, Farbe zu sein. Sie verliert ihre Unschuld und Eindeutigkeit und wird schwer an Unvermeidlichem – sogar, wenn es sich um das sogenannte Himmelblau handelt. Solche Unvermeidbarkeiten zu entdecken ist der Traum eines Malers. »Blau« ist nicht mehr länger eine zufällig gewählte Farbe, es wird zum Geschick. Und es bleibt kein Ausweg. Solch ein Geschick finden wir bei Tizian, Turner oder Rothko wieder. Und solches Glück. Nennen wir das, zu dem die Farbe nun geworden ist, einfach einen *Ton*. Ein Ton, der niemals zu einem Adjektiv werden kann wie zum Beispiel rot, gelb oder blau.

Werden nur Maler das verstehen? Ich weiß es nicht.

Sobald du anfängst, die Farbe auf der Palette oder auf der Leinwand zu mischen, gewinnen die Farben etwas Stoffliches, aber oft nicht die Art von Stofflichkeit, die du dir erhoffst. Oft ist ihre Stofflichkeit nur wenig besser als die von Scheiße. Am Ende führt jedes Mischen, wenn du zulange herumrührst, zum gleichen Kackbraun. So macht man Fehler, denn der Prozeß des Mischens und die Kunst, den richtigen Ton zu treffen, sind recht kompliziert, und die Variablen dieser Gleichung gehen gegen unendlich.

Matisse hat einmal hervorgehoben, daß ein Quadratzentimeter Blau nicht das gleiche ist wie ein Quadratmeter des gleichen Blaus. Ebenso ist ein blauer Kreis nicht das gleiche wie ein blaues Quadrat. Der Umriß ändert den Ton ebenso. Aber das ist erst der Anfang. Jeder Ton wird mitbestimmt von seiner Textur, von den anderen Tönen um ihn herum, von dem Raum, den das Gemälde sich schafft, von dem Licht *in*, von dem Licht *vor* dem Bild und von seiner Schwerkraft – diesem seltsamen Phänomen, von dem bei dieser stillen Kunst abhängt, ob die Dinge kippen oder wie sehr sie innerhalb des unbeweglichen Rahmens zurücktreten.

Diese unendlich vielen Variablen wirken die ganze Zeit über zusammen und erschweren es bis zum äußersten, die Farben zu verlieren und den Körper zu finden. Du unterbrichst, trittst zurück, nimmst mit den Augen Maß und versuchst vorauszusehen, wie die Masse all dieser Unbekannten reagiert, wenn du diesen Ton hier hinzufügst oder jenen dort modulierst. Gleichzeitig weißt du, daß du zu sehr zögerst, zuviel ausprobierst und so gleich wieder in der Scheiße sitzen wirst. Sogar der so vorsichtige und wunderbare Morandi hatte dies erkannt.

Vielleicht versuchst du sie alle in einem bestimmten Moment mit einer plötzlichen Geste oder einem wilden Ton zu überraschen. Manchmal bleiben sie passiv und lassen es zu. Öfter jedoch weisen sie dich zurück, und zwar mitleidlos. »Na, hast du noch eine Farbe dazuerfunden?« höhnen sie.

Etwas wie Gnade – sollte sie sich denn einstellen – erlebst du, wenn du verwundert siehst, daß gerade das, was da an deinem Pinsel klebt, keine weitere Farbe ist, nicht einmal ein Ton, sondern ein Ding, das ihr ganzes Gewimmel in eine Gemeinschaft verwandelt, die das Ding willkommen heißt und ihm einen Platz einräumt. Du willst deinen Augen nicht trauen – oder richtiger: zum ersten Mal glaubst du ihnen: Vor dir steht ein unerklärliches Ding aus Farbe, das kein Wort je zu beschreiben vermag.

1995

Raum

Aus einem Brief an Sven Blomberg

David Hockney erzählt, daß seine Schwester glaubt, Gott sei die Luft, der Raum zwischen den Dingen. So ist alles in Gott geprägt oder bewegt sich in ihm dahin. Das ist zwar nur ein Gedanke, aber er kommt der Wahrnehmung von Malern sehr nahe. Nicht, daß diese notwendigerweise religiös seien, sondern weil sie wieder und wieder versuchen, den unsichtbaren Raum zu malen. Und nur der Raum (ganz gleich, um welchen es sich handelt, von Tintoretto zu Morandi bis Matta) kann die Einheit bezeichnen, in der alle ihre Striche zusammenfinden.

Man kann ein Gemälde nicht durch einen Katalog seiner Inhalte definieren – nicht einmal, wenn man jeden Pinselstrich verzeichnete: Es wird erst zu einem Bild, wenn es ihm gelingt, die Dinge zusammenzuhalten – oder wenn ihm eben dies mißrät. Die Schulen haben immer gelehrt, daß das etwas mit der sogenannten »Komposition« zu tun habe. Komposition in diesem akademischen Sinn ist Totenstarre. Nein, es ist der

Raum, der die Dinge zusammenhält – und jedesmal anders. Auch das Mißlingen eines Bildes hat damit zu tun, daß der Raum schwindelt, daß er blufft. Er verwirrt uns Maler. Und deshalb beten wir ihn an.

*

Scheinbar wurde Dein Gebet auf der Insel erhört. Der Raum war schon da, bevor Du mit der Farbe kamst! Du strecktest den Arm aus, in der Hand den Pinsel, und der Raum hob ihn, als er die Leinwand berührte. Der erste Bewohner des Raums muß das Licht gewesen sein. Auf diesen Inselbildern stammt das Licht nicht von der Sonne, sondern dringt aus dem Raum selbst.

Jeder Winkel, den Du auf der Insel entdecktest, wurde zu einem Tier! Anders kann ich es nicht sagen. Fels, Meer, Sand, Gischt, Gras, Hügel, Weg, Horizont wurden vom Licht zu einzelnen, zu ganzen, und wurden auf jeder Leinwand zu anderen Wesen, mit einem eigenen Willen, eigenem Antrieb, mit Gewohnheiten und Herzschlag.

*

Alles ist Körper. Nicht, weil die Natur »lebt«, sondern weil jeder Deiner Orte vor dem Motiv, jede Stelle Dich damit konfrontierte, Du ihn ihm entlockt, ihm gelauscht hast und Du dann dem Raum folgtest, so wie die Nomaden einst im Wald die Tiere aufspürten, die ihr Überleben sicherten. Das ist keine Metapher – sondern Ausdruck Deiner Gesten, wenn Du malst. Seltsame Anatomie! Schon Dein ganzes Leben lang, so stelle ich mir vor, siehst Du im Universum ein mysteriöses Tier des Anfangs.

Ich schaute mir Deine Bilder der letzten vierzig Jahre noch einmal an – Porträts, Landschaften, Stilleben, Abstraktes –, und in allen spürte ich Wesen, die Du uns entdecken und zeigen willst. Doch diese Einsicht kam mir erst in der Rückschau, nicht früher, sie stammt von Deinen neuen Landschaften, die voller Bewegung und Gemurmel sind, das man nur wahrnimmt, wenn man sein Ohr dicht an den Bauch eines Lebewesens drückt. Das Raumlebewesen, das alle Maler jagen ...

1995

Schritte zu einer kleinen Theorie der Sichtbarkeit

Wenn ich den ersten Vers des Vaterunser spreche: »Vater unser, der du bist im Himmel«, stelle ich mir den Himmel als unsichtbar, unbetretbar, aber vertraut nahe vor. Er hat nichts Barockes, ist kein umherwirbelnder unendlicher Raum oder überwältigende perspektivische Verkürzung. Wäre einem die Gnade gewährt, den Himmel zu finden, dann wäre nichts weiter nötig, als etwas so Kleines und Naheliegendes wie einen Kiesel oder einen Salzstreuer vom Tisch in die Hand zu nehmen. Vielleicht hat Cellini das gewußt.

»Dein Reich komme ...« – der Unterschied zwischen Himmel und Erde ist unendlich, aber die Entfernung zwischen ihnen ist winzig. Simone Weil schrieb zu diesem Satz des Gebets: »Dann bricht unser Begehren durch die Zeit hindurch, um dahinter die Ewigkeit zu finden. Das geschieht, wenn es uns gelingt, jedes vollbrachte, wie immer beschaffene Ereignis zu einem Gegenstand des Begehrens zu machen.«

Ihre Worte lassen sich auf den Prozeß des Malens beziehen.

Heute wimmelt es überall von Bildern. Niemals hat man so vieles abgebildet und dann betrachtet. Jederzeit haben wir Schnappschüsse zur Hand, die uns zeigen, wie die Dinge auf der anderen Seite des Planeten oder auf der erdabgewandten Seite des Mondes aussehen. Erscheinungen werden registriert und mit Lichtgeschwindigkeit übermittelt.

Doch dadurch hat sich etwas in aller Unschuld verändert. Früher sprach man von physischen Erscheinungen, denn sie waren an feste Körper gebunden. Nun sind die Erscheinungen flüchtig. Technologische Neuerungen haben es leicht gemacht, das Erscheinende vom Existierenden zu trennen. Und genau das beutet die Mythologie des gegenwärtigen Systems immer wieder aufs neue aus. Sie wandelt Erscheinungen zu Lichtbrechungen, zu Trugbildern: Refraktionen, die nicht vom Licht, sondern vom Verlangen hervorgebracht werden, und zwar von einem einzigen Verlangen, dem nach mehr.

Konsequenter- und seltsamerweise – wenn man an die Verwicklungen des *Verlangens* mit der Welt der Körper denkt – verschwindet das Existierende, der Körper. Wir leben mitten in einem Spektakel von Kleidern und Masken, Hülsen, die keiner trägt.

Denken wir nur an einen Nachrichtensprecher, ganz egal auf welchem Fernsehprogramm oder in welchem Land. Diese Sprecher sind das mechanische Indiz der *Entkörperlichung*. Das System hat lange Jahre gebraucht, um sie zu erfinden und ihnen beizubringen, gerade so zu sprechen.

Keine Körper, keine Notwendigkeit – denn Notwendigkeit ist die Bedingung für alles Existierende. Sie macht das Wirkliche erst wirklich. Doch die Mythologie des Systems erfordert nur ein Noch-nicht-Wirkliches, das Virtuelle, der nächste Kaufimpuls. Dies verursacht im Zuschauer aber nicht, wie behauptet wird, ein Gefühl der Freiheit (die sogenannte Freiheit zu wählen), sondern nur eine tiefe Isolation.

Bis vor kurzem trat die Geschichte – alle Berichte, mit denen die Menschen ihr Leben wiedergaben, alle Sprichwörter, Fabeln, Parabeln – immer dem gleichen gegenüber: dem immerwährenden, schrecklichen, aber manchmal schönen Kampf mit der Notwendigkeit zu leben, die das Rätsel der Existenz in sich schließt – eben das, was auf die Schöpfung folgte, und an dem sich später der Verstand des Menschen immer weiter schärfte. Die Notwendigkeit brachte beides hervor, Tragödie wie Komödie. Entweder man umarmt sie oder man schlägt sich den Kopf an ihr wund.

Heute, im Spektakel des Systems, gibt es sie nicht mehr. Und folglich werden auch keine Erfahrungen mehr ausgetauscht. Alles, was man einander noch mitzuteilen hat, ist das Spektakel, ein Spiel, an dem niemand teilnimmt, dem aber alle zuschauen. Als hätte es das nie zuvor gegeben, müssen die Menschen auf eigene Faust versuchen, ihrem Leben und ihrer Mühsal einen Ort in der unermeßlichen Arena der Zeit und des Raums zu geben.

*

Mir träumte, ich sei ein merkwürdiger Händler: ein Händler für Blicke und Erscheinungen. Ich sammelte sie und verkaufte sie weiter. In meinem Traum hatte ich gerade ein Geheimnis entdeckt! Diese Entdeckung hatte ich ganz allein gemacht, ohne Hilfe oder Rat.

Das Geheimnis bestand darin, daß ich bei allem, das ich betrachtete, in das Innere gelangen konnte – ein Eimer Wasser, eine Kuh, eine Stadt aus der Vogelperspektive (sie ähnelte Toledo), eine Eiche – und, war ich einmal im Innern, die Erscheinung besser zu arrangieren verstand. *Besser* meinte weder, daß das Ding schöner erschien oder in sich harmonischer, noch, daß es den Typus charakterisierte, so daß zum Beispiel die Eiche für alle Eichen stehen könnte; es bedeutete einfach, die Dinge mehr sie selbst sein zu lassen, so daß die Kuh oder die Stadt oder der Eimer Wasser ganz offensichtlich unverwechselbar wurden.

Dies zu *tun,* machte mir Freude, und ich hatte den Eindruck, daß die kleinen Veränderungen, die ich von innen vornahm, den anderen gefielen.

Das Geheimnis, in die Dinge hineinzuschlüpfen, um sie so zu arrangieren, wie sie sich dem Blick darbieten, war so einfach wie das Öffnen einer Schranktür. Vielleicht ging es nur darum, gerade da zu sein, wenn die Tür von selbst aufsprang. Doch als ich erwachte, konnte ich mich nicht mehr daran erinnern, auf welche Weise dies vor sich gegangen war, ich hatte vergessen, wie man das Innere der Dinge betritt.

*

Die Geschichte der Malerei wird oft als eine Folge einander ablösender Stile dargestellt. In unserer Zeit haben Kunsthändler und -vermittler diesen Krieg der Stile dazu benutzt, um Markenzeichen für den Markt zu prägen. Viele Sammler – und viele Museen – kaufen eher Namen als Werke.

Vielleicht ist es an der Zeit, ganz unbefangen zu fragen, was denn all der Malerei von der älteren Steinzeit bis zu unserem Jahrhundert gemeinsam ist. Jedes gemalte Bild verkündet: Dies wurde gesehen. Jenes »dies« bezieht sich auf den dargestellten Blick. Nicht-figurative Malerei bildet dabei keine Ausnahme: Ein spätes Gemälde von Rothko zeigt ein Leuchten oder eine farbige Glut, die aus der Erfahrung des Malers von der Sichtbarkeit herrührt. Wenn er arbeitete, bewertete er die Leinwand in Hinblick auf etwas, das er gesehen hatte.

Ein Gemälde ist zunächst eine Affirmation des Sichtbaren, das uns umgibt und ständig erscheint und wieder aus dem Blick gerät. Ohne dieses Verschwinden gäbe es vielleicht gar keinen Impuls zu malen, denn dann würde das Sichtbare selbst die Gewißheit (und die Dauer) besitzen, die das Gemälde sucht. Unmittelbarer als jedes andere Kunstwerk ist ein Gemälde eine Affirmation des Existierenden, der Körperwelt, in die die Menschheit geworfen ist.

Die ersten Sujets waren Tiere. Und gleich von Anfang an – und genauso bei den Sumerern, Assyrern, Ägyptern und in der frühen Antike – war die Darstellung dieser Tiere außergewöhnlich genau. Es mußten Jahrtausende verstreichen, bis man den Körper des Menschen ebenso *lebensecht* darstellen konnte. Am

Anfang war das Existierende das, was dem Menschen entgegenstand.

Die ersten Maler waren Jäger, deren Leben, und das aller Stammesmitglieder, von der genauen Kenntnis der Tiere abhing. Doch der Augenblick des Malens war nicht der Augenblick der Jagd: Der Bezug zwischen beidem war magisch.

Auf einigen der frühen Höhlenmalereien sieht man neben den Tieren Umrißzeichnungen von menschlichen Händen. Wir wissen nicht, welche Rolle diese bei dem Ritual spielten, wir wissen nur, daß die Bilder dazu dienten, eine magische Gemeinschaft zwischen der Beute und dem Jäger zu bekräftigen oder, um es abstrakter zu formulieren, zwischen dem Existierenden und dem menschlichen Geschick. Gemälde waren ein Mittel, diese Gemeinschaft auszudrücken und ihr dadurch (so hoffte man) Dauer zu verleihen.

Lange nachdem diese Malereien ihre Tierherden und damit ihre rituelle Funktion verloren haben, scheint es sich immer noch zu lohnen, über sie nachzudenken. Denn sie erzählen uns etwas über das Wesen des Augenblicks der Malerei.

*

Der Impuls zu malen kommt weder vom Sehen noch aus der Seele (die wahrscheinlich blind ist), sondern entspringt einer Begegnung: der zwischen Maler und Modell – selbst wenn das Modell ein Berg ist oder ein Regal leerer Medizinflaschen. Die Montagne Sainte-Victoire, von Aix aus gesehen (von überall sonst stellt sich der Gebirgszug ganz anders dar), war Cézannes Gefährtin.

Wirkt ein Gemälde leblos, resultiert das daraus, daß der Maler nicht den Mut hat, nahe genug heranzurücken, um ein Wechselspiel auszulösen. Er bleibt auf Abstand, wie ein *Kopist.* Oder er wahrt, gerade in einer manieristischen Epoche wie heute, eine kunsthistorische Distanz und ergeht sich in stilistischen Spielereien, von denen das Modell nichts weiß.

Nahe zu kommen bedeutet, die Regeln, das Ansehen, das Abwägen der Vernunft, die Hierarchien und das eigene Selbst zu vergessen. Es schließt das Risiko ein, aus jedem Zusammenhang zu fallen, bis zum Wahnsinn. Denn es kann geschehen, daß der Maler zu nahe gerät, und dann bricht die Wechselwirkung ein und er verliert sich im Modell. Oder das Tier: es verschlingt den Maler, trampelt ihn zu Boden.

Jedes authentische Bildnis ist Zeichen dieses Wechselspiels. Betrachte nur das Porträt eines jungen

Mädchens von Petrus Christus in der Stiftung Staatlicher Museen zu Berlin-Dahlem oder das stürmische Seestück von Courbet im Louvre oder die Maus mit der Aubergine, die Chu Ta im 17. Jahrhundert gemalt hat; und es ist dir gar nicht mehr möglich, die Mitarbeit der Modelle zu leugnen. Denn tatsächlich handeln die Bilder *nicht* zuerst oder vor allem von einer jungen Frau, dem aufgewühlten Meer oder einer Maus mit einem Stück Gemüse; sie handeln von deren Mitwirkung. »Der Pinsel«, schrieb Tao Chi, der große chinesische Landschaftsmaler des 17. Jahrhunderts, »ist dazu da, die Dinge vor dem Chaos zu retten«.

Es ist ein sonderbares Territorium, das wir durchstreifen, und ich gebe den Worten einen leicht seltsamen Sinn. Ein rauher Seegang an der Nordküste Frankreichs an einem Herbsttag 1870, der dabei mitwirkt, gesehen zu werden, von einem bärtigen Mann, der im folgenden Jahr im Gefängnis sitzen wird! Und doch kann man sich dem Augenblick dieser stillen Kunst, die alles Bewegte anhält, nur so nähern.

Die raison d'être des Sichtbaren ist das Auge; das Auge entwickelte sich, als das Licht hell genug war, um die sichtbaren Formen des Lebens vielfältiger und mannigfaltiger hervortreten zu lassen. Wiesenblumen zum Beispiel zeigen genau diese Farben, um gesehen zu werden. Daß der leere Himmel blau erscheint, hängt mit der Funktionsweise unserer Augen und dem Bau des Sonnensystems zusammen. Und es gibt eine ontologische Basis für das Wechselspiel zwischen Maler und Modell. Angelus Silesius, ein Doktor der Medizin aus Breslau, deutete im 17. Jahrhundert die gegenseitige Abhängigkeit von Gesehenem und Sehendem mystisch:

> Die Rose / welche hier dein äußres Auge siht /
> Die hat von Ewigkeit in GOtt also geblüht.

*

Wie wurdest du, was du sichtbar bist? fragt der Maler.

Ich bin, der ich bin. Ich warte, antwortet der Berg oder die Maus oder das Kind.

Auf was?

Auf dich, darauf, daß du alles andere losläßt.

Wie lange?

So lange, wie nötig.

Es gibt noch anderes im Leben.

Dann find es, und leb wie alle.

Und falls nicht?

Ich werde dir geben, was ich niemandem sonst

gegeben habe, aber es ist wertlos, es ist die einfache Antwort auf deine nutzlose Frage.

Nutzlos?

Ich bin, der ich bin.

Kein Versprechen, das darüber hinausgeht?

Nichts. Ich kann eine Ewigkeit warten.

Ich möchte ein normales Leben führen.

Mach das, und zähl nicht auf mich.

Und wenn ich auf dich zähle?

Vergiß alles, und in mir wirst du mich finden!

Die Zusammenarbeit, die nun manchmal folgt, wird selten von gutem Willen getragen: öfters von Begehren, Zorn, Furcht, Erbarmen oder Sehnsucht. Es ist die Illusion der Moderne (und selbst die Postmoderne konnte nichts daran ändern), daß der Künstler ein Schöpfer ist. Eher ist er ein Empfänger. Was wie eine Schöpfung wirkt, ist ein Prozeß, in dem das von ihm Empfangene eine Form findet.

*

Bogena, Robert und sein Bruder Witek verbrachten den Abend bei uns, nach dem russischen Kalender war Neujahr. Während wir am Tisch saßen und sie sich auf russisch unterhielten, versuchte ich, Bogena zu zeichnen. Nicht zum ersten Mal. Es mißlingt mir immer, ihr Gesicht ist zu beweglich, und ihre Schönheit geht mir nicht aus dem Sinn. Und für eine gute Zeichnung muß man das vergessen. Sie brachen erst spät nach Mitternacht auf. Als ich über meiner letzten Zeichnung saß, sagte Robert: „Das ist deine letzte Chance für heute nacht, zeichne einfach nur sie, John, zeichne sie, und sei ein Mann!«

Als sie fort waren, nahm ich die am wenigsten mißglückte Zeichnung und begann, sie mit Farbe zu überarbeiten – in Acryl. Plötzlich, so wie der Wind umschlägt und die Wetterfahne dreht, sah das Porträt nach etwas aus. Die *Ähnlichkeit* war nun in meinem Kopf – und alles, was ich tun mußte, war, sie herauszuzeichnen und sie nicht zu suchen. Das Papier riß. Ich rieb die Farbe auf, manchmal so dick wie Salbe. Morgens um vier begann ihr Gesicht sich lächelnd seiner eigenen Wiedergabe entgegenzuneigen.

Am nächsten Tag sah das zerbrechliche Papier, steif vor Farbe, immer noch nach etwas aus. Bei Tageslicht mußte die Farbgebung an einigen Stellen nuanciert werden. In der Nacht aufgetragene Farben haben manchmal einen Stich ins Verzweifelte – wie Schuhe, die man abstreift, ohne die Schnürsenkel zu lösen. Jetzt war es fertig.

Den Tag über trat ich von Zeit zu Zeit vor das Blatt, um es zu betrachten, und war froh und stolz. Weil ich eine kleine Zeichnung gemacht hatte, die mir gefiel? Wohl kaum. Die Begeisterung rührte von etwas anderem her. Sie wurde von dem *Erscheinen* des Gesichts ausgelöst – als wenn es aus dem Dunkel träte. Aus dem, was es von sich selbst zurücklassen konnte, hatte Bogenas Gesicht ein Geschenk gemacht.

*

Was heißt Ähnlichkeit? Wenn jemand stirbt, hinterläßt er allen, die ihn kannten, eine Leere: ein fest umrissener Raum, der für jeden zu Betrauernden anders ausfällt. Die Konturen dieses Raumes umschreiben die Ähnlichkeit eines Menschen, und sie sucht der Künstler, wenn er ein lebendiges Porträt schaffen will. Die Ähnlichkeit ist etwas, das man unsichtbar zurückläßt.

*

Soutine gehört zu den großen Künstlern des 20. Jahrhunderts. Aber es hat fünfzig Jahre gedauert, bis dies deutlich wurde, denn seine Kunst war traditionell und zugleich ungeschlacht, und diese Mischung war allen modischen Geschmäckern ein Greul. Es war gerade so, als hätten seine Gemälde einen schweren, radebrechenden Akzent und seien unfähig, deutlich zu sprechen: bestenfalls exotisch, schlimmstenfalls barbarisch. Doch nun gilt seine Hinwendung zum Existierenden mehr und mehr als Vorbild. Niemand zuvor hat die dem Prozeß des Malens eingeschriebene Wechselwirkung zwischen Modell und Künstler wie in einem Diagramm offengelegt. Die Pappeln, die Kadaver, die Kindergesichter auf Soutines Leinwänden, sie klammerten sich an seinen Pinsel.

Tao Chi – um ihn noch einmal zu zitieren – schrieb: »Malen ist das Ergebnis der Empfänglichkeit der Tinte: Die Tinte öffnet sich dem Pinsel; der Pinsel öffnet sich der Hand; die Hand öffnet sich dem Herzen: gerade so, wie der Himmel alles erzeugt hat, was die Erde hervorbringt. Alles entsteht im Empfangen.«

Oft sagt man über das Spätwerk von Tizian, Rembrandt oder Turner, daß ihr Umgang mit der Farbe freier wurde. Obwohl dies in einem gewissen Sinn stimmt, weckt es doch falsche Vorstellungen über *Willen und Absicht*. Denn in Wirklichkeit wurden diese Maler im Alter einfach empfänglicher, offener gegenüber der Ausstrahlung des *Modells* und seiner seltsamen Energie. Es ist, als hätten ihre eigenen Körper keine Rolle mehr gespielt.

*

Hat man das Prinzip dieser Zusammenarbeit einmal verstanden, wird es zum Prüfstein, um Werke, ganz abgesehen von ihrem Stil oder der Freiheit der Farbgebung, zu beurteilen. Oder eher (denn *Urteilen* hat wenig mit Kunst zu tun): Wir finden hier einen Hinweis, um besser zu verstehen, warum uns Gemälde so sehr bewegen.

Immer wieder malte Rubens seine Geliebte Hélène Fourment. Manchmal arbeitete sie mit, manchmal nicht. Wenn sie es nicht tat, blieb sie ein gemaltes Ideal; aber wenn sie mitarbeitete, dann warten auch wir auf sie. Morandi malte 1949 einen Strauß Rosen, auf dem die Blumen wie Katzen darauf lauern, in sein Blickfeld zu gelangen. (Das ist sehr selten, denn die meisten Blumenstilleben bleiben reine Schaustücke.) Und da ist das Bildnis eines Mannes, vor zweitausend Jahren auf Holz gemalt, dessen Anteilnahme wir noch heute spüren. Es gibt von Velázquez gemalte Zwerge, Hunde von Tizian,

Häuser von Vermeer, in denen wir die Energie, den Willen, betrachtet zu werden, spüren.

*

Immer mehr Menschen besuchen Museen, betrachten Bilder und sind alles andere als enttäuscht. Was fasziniert sie so? Die Antworten: die Kunst oder die Geschichte der Kunst oder eine Wertschätzung des Künstlerischen, gehen, glaube ich, am Wesentlichen vorbei.

In Museen treffen wir auf das Sichtbare vergangener Epochen, es leistet uns Gesellschaft. Wir fühlen uns weniger allein als angesichts all dessen, was wir jeden Tag auftauchen und wieder aus unserem Blick verschwinden sehen. Denn vieles hat sein Aussehen nicht geändert: Zähne, Hände, die Sonne, der Schenkel einer Frau, Fische ... Im Reich des Sichtbaren existieren alle Epochen brüderlich nebeneinander, selbst wenn sie durch Jahrhunderte oder Jahrtausende voneinander getrennt sind. Und wenn das gemalte Abbild nicht bloß eine Kopie ist, sondern das Ergebnis eines Dialogs, dann spricht das Gemalte – wenn wir zuhören.

*

In Hinblick auf das Sehen war Joseph Beuys der große Prophet der zweiten Hälfte unseres Jahrhunderts, und sein Lebenswerk ist eine Demonstration von und ein Aufruf zu dem Wechselspiel, von dem ich sprach. Überzeugt davon, daß jeder zum Künstler werden kann, nahm Beuys die Dinge und arrangierte sie so, daß sie den Betrachter auffordern, mit ihnen zusammenzuarbeiten, diesmal nicht an einem Gemälde, sondern indem sie darauf lauschen, was seine Augen ihnen erzählen, und dies im Gedächtnis behalten.

*

Ich kenne nur weniges, was so traurig ist (traurig, nicht tragisch) wie ein Tier, das sein Augenlicht verloren hat. Im Gegensatz zu den Menschen verfügt das Tier nicht über die Hilfe einer Sprache, die die Welt beschreiben könnte. Ist es in seinem vertrauten Revier, findet es sich mit der Nase zurecht. Aber das Existierende selbst wurde ihm entzogen, und durch diesen Entzug wird das Tier immer weniger, bis es nur noch schläft und dann vielleicht nach einem Traumbild von dem jagt, was einmal für es da gewesen war.

*

Die Marquise von Sorcy de Thélusson, 1790 von David gemalt, schaut mich an. Wer konnte zu ihrer Zeit die Einsamkeit voraussehen, in der die Menschen heute leben. Eine Einsamkeit, die täglich von einem Netz aus körperlosen und falschen Bildern verstärkt wird. Doch ihr Falschsein ist kein Irrtum. Wenn man in der Jagd nach Profit das einzige Mittel zur Rettung der Menschheit sieht, wird dieses Umschlagen zum Falschen zum obersten Gesetz, und konsequenterweise muß man sich über das Existierende hinwegsetzen, es nicht beachten, es unterdrücken.

Heute zu malen, ist so eine Art Widerstand, der auf einen um sich greifenden Mangel antwortet, aber Hoffnung anzustiften vermag.

1995

Einen Mann zeichnen

Ich betrachtete das leere Blatt in meinem Skizzenbuch und konzentrierte mich weniger auf die Seiten als auf den oberen und unteren Rand. Oben und unten, das waren die kritischen Zonen, zwischen denen ich die Bewegung nachbilden wollte, mit der sich der Mann vom Boden erhebt oder, wenn man es andersherum betrachtet, vom Boden gehalten wird. Die Energie seiner Figur verlief vor allem vertikal. All die kleinen seitlichen Bewegungen der Arme, des gedrehten Nackens, des Beines, auf dem kein Gewicht ruhte, waren mit dieser Energie in der gleichen Art verknüpft wie die ausladend herabhängenden Äste mit dem senkrechten Baumstamm. Schon die ersten Linien sollten dies ausdrücken; sie mußten den Körper wie einen Kegel aufrichten, aber zugleich andeuten, daß er sich, im Gegensatz zum Kegel, bewegen kann, daß er sein Gleichgewicht wiederfindet, falls der Boden wegkippt, daß er sogar für einen Sekundenbruchteil gegen die Schwerkraft anzuspringen vermag. Die Fähigkeit, sich zu bewegen, diese eher ungleichmäßige und vorübergehende als gleichförmige und andauernde Spannung des Körpers, sollte im Verhältnis zu den Kanten des Papiers ausgedrückt werden, im seitlichen Umspielen der Geraden, die sich von der Nackengrube bis zur Ferse des belasteten Beines ziehen ließ.

Ich beobachtete diese Abweichungen. Sein linkes Bein stützte das Gewicht, und so war die linke, die hintere Seite des Körpers gespannt, aber weder völlig aufrecht noch gebeugt; die nähere, rechte Seite schien vergleichsweise entspannt und fließend. Willkürlich zogen sich seitlich Linien von den sanften Wölbungen zu scharf umrissenen eckigen Partien – so wie ein Fluß zwischen Hügeln hinaus auf steile Stromschnellen zuläuft. Aber natürlich war alles komplizierter. Auf der mir zugewandten Seite, der entspannteren, war die Hand zur Faust geballt, und die Härte der Knöchel erinnerte an den scharfen Grat der Rippen auf der Gegenseite – so wie ein Findling auf den Hügeln an die Klippen erinnert.

Langsam konnte ich die weiße Fläche des Papiers, auf der ich meine Zeichnung anlegen würde, anders betrachten. Aus der unberührten ebenen Seite wurde ein leerer Raum. Die Weiße wurde zu einer Zone aus Unbegrenztheit, ein opakes Licht, durch das man sich hindurchbewegen, durch das man aber nicht hindurchsehen konnte. Ich wußte, wenn ich eine Linie über das Blatt – oder *durch* das Blatt – legen würde, müßte ich sie wie der Pilot eines Flugzeugs und nicht wie der Fahrer eines Wagens steuern: Sie würde sich in allen drei Dimensionen bewegen.

Doch als ich einen kleinen Strich in der Nähe der vorderen Rippenpartie machte, änderte sich das Blatt ein weiteres Mal. Der Bereich des opaken Lichts verlor alles Unendliche. Die ganze Seite war allein schon durch das zuletzt Gezeichnete verwandelt – gerade so wie das Wasser eines Aquariums, in das man einen Fisch setzt. Dem Fisch gilt nun unser ganzes Augenmerk. Das Wasser ist seine Lebensbedingung und bloß noch der Raum, durch den er schwimmt.

Als ich dann über den Körper fuhr, um die Form der hinteren Schulter zu umreißen, resultierte daraus eine weitere Veränderung, aber nicht einfach so, als wenn man einen zweiten Fisch dazu setzte. Die zweite Linie änderte die Eigenschaften der ersten. Denn verlief die erste Linie zunächst absichtslos und etwas unbestimmt, wurde ihre Bedeutung nun durch die zweite fixiert und unterstrichen. Zusammen drückten sie auf die Kanten der von ihnen umschlossenen Fläche, und diese Fläche, die dem ganzen Blatt die Möglichkeit eröffnete, einen Raum darzustellen, stemmte sich gegen eine Last und ließ den Eindruck einer festen Form entstehen. Die Zeichnung hatte begonnen.

Die dritte Dimension, die Masse des Stuhls, des Körpers, eines Baums, beweist unseren Sinnen deren Vorhandensein. Sie begründet die Differenz zwischen Wort und Welt. Als ich das Modell betrachtete, bewunderte ich die einfache Tatsache, daß es Masse besaß, daß es einen Raum einnahm und daß es mehr darstellte als die Summe von zehntausend verschiedenen Ansichten aus ebenso vielen Blickwinkeln. Auf meiner Zeichnung, mit der ich mich unweigerlich auf einen einzigen Blickpunkt festlegen mußte, hoffte ich, die unbegrenzte Zahl der anderen Facetten zumindest anzudeuten. Doch nun ging es erst darum, Formen aufzubauen und feiner durchzuarbeiten, bis die Spannung zwischen ihnen der im Modell gesehenen ähnlich wurde. Natürlich konnte es schnell passieren, daß durch eine leichte Überbetonung das Ganze wie ein Ballon zerplatzte – wie ein zu dünn ausgedrehter Ton auf der Töpferscheibe in sich zusammenfällt: Alles würde unwiederbringlich aus der Form geraten und das Gleichgewicht verlieren. Trotzdem, das Ding war da. Aus der unendlichen, undurchdringlichen Fülle der noch unberührten Seite leuchteten einzelne Lösungen hervor. Meine Aufgabe bestand nun darin, sie aufeinander abzustimmen und gegeneinander abzuwägen: nicht nach Zentimetern oder so, wie man Rosinen abwiegt, indem man sie zählt, sondern indem ich den Rhythmus, ihre Masse und ihre Verschiebung abschätzte – wie ein Vogel Abstände und Winkel mißt, wenn er durch ein Gewirr von Ästen fliegt, oder ein Architekt sich einen Grundriß vorstellt. Ich spürte dem Druck meiner Linien und Schraffuren auf der äußersten Oberfläche des Papiers nach, wie ein Matrose Schlaffheit und Spannung des Segels prüft, um vor oder gegen die Fläche des Windes zu kreuzen.

Ich schätzte die Position der Ohren in Relation zu den Augen ab, die Winkel des verzerrten Dreiecks zwischen den beiden Brustwarzen und dem Nabel, die seitlichen Linien zu Schulter und Hüfte – ich ließ sie weiterlaufen, damit sie sich möglichst treffen, ich skizzierte die Knöchel der hinteren Hand direkt über und in Proportion zu den Zehen des hinteren Fußes. Ich achtete natürlich nicht nur auf die Proportionen der Linien, der Winkel und vorgestellten Geraden, die sich wie Fäden von einem Punkt zu einem anderen spannten, sondern auch auf die Beziehungen zwischen den zurück- oder hervortretenden Flächen.

In der Masse der wie zufällig zusammengewürfelten Dächer einer Stadt entdeckst du wiederkehrende Winkel in den Giebeln und Mansardenfenstern ganz verschiedener Häuser – wenn du durch all die ähnlichen Flächen eine Ebene ziehst, werden sie alle wunderbar zueinander passen. Nach genau der gleichen Methode findest du in verschiedenen Gliedern identische Flächen und Neigungswinkel wieder, die eine einzige Ebene bilden. Die Fläche, die von der Wölbung der Brust zur Leiste abfiel, traf sich mit der, die von dem vorderen Knie zur spitzen, nach außen gedrehten Seite der Wade führte. Eine der am gleichen Bein etwas höher gelegenen weichen Innenflächen traf auf die kleine Fläche, die sich um dem Umriß des hinteren Brustmuskels legte.

Als die Linien auf dem Papier zusammenwuchsen und sich eine gewisse Einheit abzeichnete, wurde mir die tatsächliche Körperspannung des Modells langsam klarer, ich sah sie genauer. Es ging nicht nur darum, die vertikale Hauptlast zu erkennen. Die Figur selbst wurde mir von Mal zu Mal vertrauter. Sogar die kleinsten Details wurden wichtiger, und ich mußte der Versuchung widerstehen, einzelne der Linien zu stark zu betonen. Ich überarbeitete die zurückweichenden Flächen und fügte sie in die entstehenden Formen ein.

Auch fand ich Verbesserungen: Ich überarbeitete die ersten Linien, um Proportionen wiederzufinden oder Übersehenem Raum zu geben.

Ich entdeckte am Fuß des fest angespannten, belasteten Beins den freien Zwischenraum unter dem Bogen des Rists. Ich schätzte die Zwischenstufen ab, mit denen die ebene Bauchdecke in die spitz zulaufenden, sich ineinander schließenden Flächen am Schenkel und um die Hüfte hinüberglitt. Auf gleicher Höhe bemerkte ich den Kontrast zwischen der Härte des Ellbogens und der verletzlichen Zartheit des Innenarms.

Schon bald erreichte die Zeichnung den Moment der Krise. Damit ist der Augenblick gemeint, in dem das bereits Gezeichnete interessanter wird als das, was noch zu entdecken ist. Jede Zeichnung muß durch dieses Stadium hindurch. Ich nenne es Krise, denn in diesem Augenblick ist die Entscheidung, ob die Zeichnung gelingt oder mißrät, bereits gefallen. Man folgt nun der Logik der Zeichnung und läßt sich von ihr führen. Ist sie bereits auf eine bestimmte Art »wahr«, trifft sich das, was noch fehlt, mit dem, was man auf seiner Suche noch entdeckt. Ist die Zeichnung von Grund auf falsch, wird das, was noch fehlt, ihre Mangelhaftigkeit nur unterstreichen.

Ich untersuchte meine Zeichnung, um herauszufinden, was verzerrt war; welche Linien oder Schraffuren ihr ursprüngliches und notwendiges Gewicht verloren hatten, als sich andere dazugesellten; welche spontane Geste ein Problem nicht gelöst hatte, sondern ihm ausgewichen war, und welche Gesten instinktiv richtig geraten waren. Doch auch dieser Vorgang verlief nicht völlig bewußt. An manchen Stellen konnte ich deutlich erkennen, daß ganze Partien noch zu grob waren und überprüft werden mußten; über anderen ließ ich meine Bleistiftspitze kreisen – fast wie den Stab eines Wünschelrutengängers. Stünde eine Form zu weit vor, würde ich den Stift dazu bringen, ihre Tönung mittels einer Schraffur ins Dunkle zu modulieren, um die Fläche zurücktreten zu lassen; anderswo würde der Stift, fest angedrückt, eine Linie nachziehen, um sie nach vorne zu holen.

Wenn jetzt mein Blick noch einmal zwischen dem Modell und meinen Formen hin- und herfuhr, schaute ich anders, mit mehr Nachsicht, denn ich wollte das, was noch fehlte, auch finden.

Nun der Schluß. Beides: Ehrgeiz und Enttäuschung. Vor meinem geistigen Auge glitten Zeichnung und Modell sanft ineinander über, so daß es sich in diesem

Moment nicht mehr um den Menschen handelte, der Modell stand, sondern um den Bewohner einer halb von mir geschaffenen Welt, einzigartiger Ausdruck meiner Erfahrung. Doch so genau mein geistiges Auge dies auch erkennen wollte, so war doch nicht zu übersehen, wie unzulänglich, bruchstückhaft, wie grobschlächtig und klein meine Zeichnung geraten war.

Ich blätterte um und setzte mit der neuen Zeichnung dort an, wo die letzte steckengeblieben war. Ein stehender Mann, sein Gewicht lastet eher auf dem einen Bein als auf dem anderen ...

1960

Kann sein, am Anfang,
da Zeit und Sichtbarkeit,
die Zwillingsschöpfer des Abstands,
sich trafen,
da polterten sie betrunken
an die Tür,
kurz vor der Dämmerung.

Das erste Licht ernüchterte sie,
und sie prüften den Tag,
sie sprachen
von Fernem, Vergangenem, Unsichtbarem,
sie sprachen von Horizonten,
die alles umsäumen,
was dem Verschwinden entging.

1984

Impressum

Der Umschlag zeigt eine Zeichnung des Autors.

Die Deutsche Bibliothek – CIP-Einheitsaufnahme

Berger, John:

Schritte zu einer kleinen Theorie der Sichtbarkeit / John Berger.

Aus dem Engl. von Hans Jürgen Balmes. – Ostfildern :

Ed. Tertium, 1996

ISBN 3-930717-30-1

ISBN 3-930717-30-1

Gestaltung: Burkhard Finken, Matthias Bumiller

Finken & Bumiller, Stuttgart

Herstellung: Druckerei Wagner, Nördlingen

John Berger – Nella Bielski
Francisco Goya – Das letzte Porträt

144 Seiten, Französische Broschur
25 s/w Abbildungen

In der Vision des Bühnenstücks aufersteht Goya als Maler unserer Zeit, erfüllen sich die Vorhersagen seiner Bilder in einem letzten Porträt.

edition tertium